어둠 서식지

* 본문 페이지에서 한 연이 첫 번째 행에서 시작될 때에는 〈 표기를 합니다.

지성의 상상 시인선 048

어둠 서식지

서주영 시집

지성의상상

■ **시인의 말**

슬픈 누군가의 손을 가만히 잡아주는
따듯한 손길 같은,

마음 시린 누군가의 어깨 위에 조용히 얹어지는
포근한 카디건 같은,

그런 시였으면…

'누군가 한 사람에게 만이라도
따듯한 시집이었으면 참 고맙겠다'라는 마음으로
두 번째 시집을 낸다.
건강이 좀 안 좋아서 5년여 시를 못 쓰고 있었는데
2년 전 어머니가 돌아가시며 몇 편의 시를 주고 가셨다.
이 시집은 돌아가신 나의 어머께 바친다.

엄마를 데려간 봄이 무르익는 날에

2025년 4월, 서주영

■ 차례

1부

서쪽	19
산방 꽃차례 닮은 당신	20
이별 방정식	22
그리움을 완독하다	24
질문과 대답	26
영원한 구석	28
당신만의 경전	30
도라지꽃	32
가을 설명서	34
홀로 아리랑	36
서쪽 2	38
폐역은 열매다	39

2부

경계와 균열	43
마다가스카르行	44
르네 마그리트전	46
초원의 독서	48
똥고개 마을의 봄	50
어둠 서식지	52
광덕산의 봄	54
굴절된 풍경	56
겨울의 무게	58
바람 불다	60

3부

헐렁함은 헐렁함의 표정으로   65
나는 2059년 2월 13일에 죽었다   66
실종   68
아도니스   70
불안 서식지 3   72
불안 서식지 4   73
지하철은 달린다   75
빨리 빠 소녀 달리트 삼팟   76
여우재에 불던 바람   78
길 아닌 길   80
마음을 잇다   82

4부

엘리베이터에서	87
이 봄에 온 이봄	88
그녀의 외출	90
정전 3	92
세상에서 가장 거룩한 말	94
11월은	97
고향은 엄마의 대명사	98
산수유	100
유년, 그 바람 곁에서	102
어둠을 놓고 가다	104
황태덕장에서	106
혜린이	108

■ 해설 | 서쪽, 혹은 몰락과 소멸의 삶의 형식　111
  －황치복(문학평론가)

1부

서쪽

저무는 것들처럼 당신의 등도 서쪽으로 굽어 있다

하루하루의 눈동자와 저녁의 어깨 위에

슬픔을 으깨어 얹은 당신이 앉아 있다

저문다는 건 바람에 긴 그림자가 힘없이 흔들리는 것

그리움이 옅어지고, 계절이 쓸쓸해지고 철저히 혼자가 되는 것

저녁이 내려앉은 굽은 각도에서, 펼 수 없는 서쪽 모서리에서

당신과 나의 지난 시간이 염분처럼 버석거린다

저문다는 것은 서쪽으로 애증의 질문을 던진다는 것

등이 굽은 당신의 그림자를 껴안고 다독인다는 것

산방 꽃차례 닮은 당신

그리운 당신의 하루하루가 피어 여름이 온다
갈 수 없어, 닿을 수 없어 피는 저 꽃들

촘촘하게 결을 만들어 산방 꽃차례로 달려 있는 햇살들이
연한 자줏빛이었다가 하늘빛이었다가 연한 홍색이 되면

가도 가도 멀어지는 아득한 그 길에서
보이지 않는 당신의 발자국만 또렷해진다

촉감이 만져지는 당신의 젖가슴을 닮은 꽃
다정한 음성이 말랑하게 잡힐 듯한 꽃송이들이 모여
당신에게 가는 길이 분명해진다

보일 듯 보이지 않는 당신의 눈물이 피어 있는 이 계절에
애틋한 당신을 닮은 산방 꽃송이들이 나를 끌고 간다

높고 깊은 길 아닌 그늘에서
가도 가도 멀어지기만 하는 그리움이

수묵화처럼 조용히 번지는 날

수시로 펼쳐지는 경계 잃은
당신과의 어제는 더없이 적나라하게 피어나고

엄마라는 꽃도 한때 피었다가 지는 것이라서
명치 뻐근한 모든 것들의 발자국이
그렁그렁한 그리움으로 선명히 길을 내는 여름밤이다

이별 방정식

아득한 곳에 머무는 꽃

그 아득한 순간을 놓아버린
울음 박힌 꽃잎들의 몰락이 하얗다

울음 대신 꺼낸 표정에서
삭제된 감정들은 일제히 풍경이 되고

우린 지금 서로 다른 알고리즘을 펼치며
각자의 방식으로 이별을 읽는 중일까

별들이 천변 서쪽으로 말없이 기우는 것처럼
저녁은 슬픈 방식으로 푸르게 충혈되고 있다

천천히 씹고 있는 벚꽃의 신음들,
서로의 눈물에 기댄 투신법을 알고 있다

이후 점점 힘을 잃는 것들의 정체를
나는 이별이라 써 보기도 했지만

〈
서로의 등을 바라보는 것에 익숙하지 않은 밤

슬픈 방식을 슬프게 읽는 것은 이별이 아니다

그리움을 완독玩讀하다

한 번의 겨울이 지난 결핍이 키를 늘리고 있다

어떤 이별은 목이 기다란 그리움을 쌓는 일이다
단 한 번에 떨어진 동백의 모가지를 끌어안는다

달은 뒷면에 이별을 새기고 그리움의 경계를 조금씩 보여준다

멀리 있는 것을 가깝게 이어주는 은유가 時間이라서
4월이 와도 난 더는 슬퍼하지 않기로 했다

계절의 보폭에 발맞출 수 있는 조용한 높이로 새는 운다

그늘 업은 햇살이 적막을 낳는 떡갈나무 아래에서
바람이 오래도록 슬어놓은
무성한 통증을 뒤덮고 깊다란 새의 울음을 읽는다

별일 읊지?

난 아픈디 읎어 내 걱정은 허지 말고 잘 지내여
나야 늘 니덜 걱정이지
라며 전화기 너머로 건너와 아픈 맘 도닥이던
세상의 첫 아침 같은 그 목소리가 더는 들리지 않는다

난 지금
이 세상에 없는 그리움을 완독 중이다

질문과 대답

엄마 이건 버리지?
놔두면 다 써
엄마 이건 정말 버립시다
내가 쓴대는디 니들이 왜 그려 그냥 좀 놔둬
카랑카랑 맵찬 목소리의 울 엄마

엄마 이거 버릴까?
내가 써 논 건디 다 버려
엄마 이건 엄마가 젤 아끼던 새건데 놔두지
퇴원해 오면 뭐 입으시려고?
필요 읎어

질문과 대답 사이에 도사린 어둠은 길게 키를 늘리고

앙상한 손가락 사이로 줄줄 빠져나가며
하얗게 퇴색되고 있는 울 엄마

다 버리라시네
다 필요 없다시네

〈
누군가 분명치 않은 얼굴로
엄마의 정수리에 빨대를 꽂고 있는 게 분명하네

어둠에 잠식당한 수많은 엄마가 엄마의 문을 열고
우르르 골목 끝을 향해 몰려가고 있네

골목 끝, 길게 자라난 하늘 계단
그 아래로 엄마는 엄마를 가볍게 내려놓네

영원한 구석

낡은 세상 한구석이 갸르릉거린다

멎을 듯 가쁜 숨 내쉬며
아무렇게나 던져진 독거

낡은 신발짝 같은
적막이 주인인 썰렁한 방구석엔
앙상함 하나가 넝마처럼 누워 있다

언제부턴가 음침한 어둠이 주인이 된 이곳은
가시투성이 낙타풀 무성한 사막이 되었다

무시로 몰아치는 모래바람 따라

방향도 모른 채 이리저리 흔들리던 늙은 낙타

미물처럼 작아진 몸짓으로

〈
영원한 구석을 향해 시나브로 저물고 있다

당신만의 경전

노인정에서 걸어 나온 뒤뚱대는 걸음새
어스름 끌고 귀가한다

잠이 골목 끝으로 빠져나가던 많은 밤
앉은뱅이책상에 잠을 일으켜 세우던 숱한 날들

자칫 한 자라도 틀릴세라
침침한 눈 치켜뜨며 또박또박 옮겨 적는
네모 칸
꾹꾹 눌러쓰는 연필 글씨들

붓다의 말씀들 낡은 공책 속에서
당신만의 거룩한 경전이 된다

지아비를 보낸 후
쓰기 시작한 외로움 쫓는 위로는
어느새 또 가을을 맞았다

칸칸마다 짓는

광덕사 석탑만큼 높다란 경전 속엔
모든 걸 놓아버린 無의 시간이 들어 있다

이승의 끈이 헐거워지는 시간 속에서
꾹꾹 눌러 지은
백여 권이 넘는 경전 속엔

아찔하게 걸어온 당신의 구십 평생처럼
굴곡으로 얼룩진 아득한 길들이 빼곡하다

도라지꽃
―엄마

치장 없이도 야생의 도라지꽃을 닮았다

수식어가 없는 문장에서 순수가 피어나듯

해마다 같은 꽃을 피워도 향기로웠다

담담한 높이에서 의연한 각도로 한결같던 당신

흐트러짐 없는 보폭으로 또박또박 세상길 걸으며

체화된 겸손의 방식이 묵묵히 진창길 밝히던

음전한 보랏빛 언어로 가파른 한 생을 정원처럼 가꿔온

변명을 모르는 곡진한 기도 같은 그대 이름은

자세 낮춰 오래도록 읽는 한 권의 경전

정확한 보폭으로 또박또박 세상을 여닫으시던 당신은

〈

유리창의 얼음무늬처럼 차갑게 피었던 때도 있었다

당신은 허공에 갈겨쓴 보랏빛 언어로 짧은 봄날을 가꾸었다

피었다가 지는 것 아무도 모른다 해도 당신은 나에게 남겨진

눈높이를 낮춘 한 권의 경전이다

나는 경전의 노란 꽃잎을 오래도록 읽는다

가을 설명서

점점 내려앉는 강의 기슭,

발을 숨긴 고요가 저녁의 허리를 꺾고 있다

야윈 발목이 끌고 가는 당신의 발자국 소리 듣는다

지난밤, 주변을 서성이던 바람은

마른풀들이 무서리와 마주하는 동안

쑥부쟁이 구절초 산국 감국으로 꽃수레를 만들었을까

꽃수레를 밀고 가는 계절의 어깨는 그믐달처럼 기울고

수의 걸친 주검들, 한없이 가볍다

저녁이 한마디 비명도 없이 넘어지고

서늘한 의문을 베고 누운 당신은 저 홀로 홀쭉하다

〈
가야 할 이유도 모르고 캄캄한 벼랑을 타다가

기슭을 놓쳐버리고 혼절한 강물,

숙성된 슬픔에

당신의 구겨진 뒷모습이 반짝인다

홀로 아리랑

그해 섣달 스무 나흗날이었어요

전화선을 타고 온 당신의 음성은
늦가을 가랑잎처럼 떨고 있었지요

"오양골 지관이 올해 동쪽으로 가믄 영혼이 구천을 떠돌 거랴
 아무래도 해 넘기긴 어려울 것 같은디 나 앞산으로 못 가믄 흑흑…"

그런 소리 말라며 오래 살 거라며 어금니 깨무는 나도
눈물이 동백꽃 지듯 흘러내렸지요

뱀이 못 드나들게 무덤을 꼭꼭 밟아달라던 당신의 당부는
덫에 걸린 어린 사슴의 눈망울만큼 애절했지요

며칠 후, 위독하다는 전갈을 받고 달려간 고향 집엔
동공이 풀어진 나침판이 눈물 글썽이며 멈춰 있었어요

〈
　불안에 떨던 당신의 나침판은 동쪽을 가리키며 평온
했고
　그날은 정월 열이튿날이었어요

　평생을 바쁘게 허둥대던 나침판,
　당신이 좋아하던 화초처럼 심었지요

　쿵더쿵 쿵덕
　상두꾼들 달구질소리는 앞산 양지에 새로 지은
　캄캄한 당신의 집을 단단하게 다지고 있었지요

서쪽 2

기우는 서쪽,

새 한 마리 허정허정 먼 곳으로 날고 있네요

생의 모서리마다 발굽이 움푹 닳아 있네요

무릎 꺾인 이력의 헐거운 날갯짓은 흔들림조차 멈추었고

새가 앉았던 자리엔 나뭇잎이 울고 있어요

표정 잃은 야윈 나뭇잎의 그림자로 어제의 슬픔을 지우는 밤

하얗게 늙은 바람은

애절한 문법으로 웅얼웅얼 아스라이 먼 곳에서 별을 낳고 있네요

폐역은 열매다

엄마라는 역에는 하얀 찔레꽃이 핀다

지난여름 가문 날에 꽃 다 지고 남은 가시

오늘도

나는 그 역에 내려 붉은 열매가 된다

2부

경계와 균열

경계가 있었다

단순히

균열로 인하여 생긴 담의 그늘 같은

경계에서 당신의 집착은 무죄다

마다가스카르行

알락꼬리여우원숭이가 정지된 고요를 툭툭 건드린다

뿌리를 하늘에 심어야만 했던 전설을 가진 바오밥나무의
불안을 아프게 읽는다

바람이 불면 뿌리부터 흔들리는 바오밥나무,

속울음이 비어져 나와 어둠을 잘라먹은 아프리카의 봄이 지나고

거꾸로 박힌 자세를 잠시 고쳐 앉기도 하는 섬나라

이곳에 가고 싶다면

소크라테스의 논쟁도

쇼펜하우어의 토론도
〈

소진과 장의의 설득도 내려놓은 채 가라

바오밥 향기가 이곳 하늘 가득 산개할 즈음

피와 땀이 쟁쟁 소리 내며 서로에게 젖어 드는 한낮,

기꺼이 뜨거움 밟는 맨발이 되어 피 철철 흘리는 나무들

알베르토 자코메티의 걸어가는 사람처럼

군살 없는 몸매로 꼿꼿하게 서서 걸어가라

생텍쥐페리가 꿈꾸던 사막을 지나
바오밥나무의 뿌리로 하늘을 받치고 있는 그곳에 가고 싶다면

르네 마그리트전

마그리트를 만나고 왔어
누드의 여인이며 푸른 사과, 부엉이, 독수리
그리고 숱한 꽃송이들, 또 구름과 파이프의 연기들
초대한 적 없는 사연들이 나보다 먼저 집에 도착해 있
었어

무수히 많은 마그리트는
중절모를 쓴 채 푸른 사과의 얼굴로
파이프 아닌 파이프로 얼굴을 덮은 채
내게 인사를 건넸어
정중하게 그리고 익살스레

뒤엉킨 그의 흔적 깊은 곳에서 상처를 길어 올렸지
열심히 당겨 보지만 쏟아지고 미끄러지고,
퍼 올리고 올려도 바닥은 열릴 줄 몰랐어

모자 얼굴 몸통 따로이다가
모자 눈코입 몸통 하나이기도 한 그를
〈

온통 나를 뒤흔들어놓고
봄바람에 벚꽃처럼 달아난 그를
다시 기다리곤 했지

숱한 장미꽃이나 무리 지은 독수리
아니 두둥실 하늘 휘덮은 뭉게구름은
사방으로 쉴 새 없이 흩어졌다 모이고

만질 수도 가질 수도 없는 그가
좀처럼 읽히지 않는 그가
현란한 색채로 허공을 찢으며
억만 겹의 요란스러움으로 환하게 빛났네

초원의 독서
―몽골

유목과 노을을 가진 페이지들의 눈시울이 붉다

별들에게 내어준 저녁의 눈망울들 또렷한데
오래된 울음들이 발목까지 잠겨 있는 곳

신들이 떠난 초원은 고단함으로 흩날린다

절벽이 흔하지 않아 비명도 드문 초원,
길지 않은 그림자들이
납작한 바닥을 붙잡고 두런대다 졸고 있다

약력을 지우고픈
무수한 유목의 발자국이 숨어
소곤대는 테를지의 밤

어디선가 강물 소리로 잠을 쫓으며
말채찍을 휘두르는 칭기즈칸의 말발굽 소리가
요란하게 초원을 가르는

〈
초원은 지금 구름의 신간을 읽느라 바쁘다

똥고개 마을의 봄

찌든 얼룩으로
북쪽을 향해 기울어가는 상도동 똥고개 마을
버려진 가전제품, 생활 쓰레기들로 어지럽다

주민은 여럿이나 우편함은 하나뿐이어서
여러 손에 이리저리 펄럭이다
구깃구깃 주인을 찾아가는 우편물들

반백 년 꿈꿔온 재개발이지만
탕탕 망치를 내리치는 이 씨를 향해
봄이 왔으니 떠나라며 큰소리로 밀어낸다

소유권, 권리, 자격도 하릴없는 물거품이 되어 날아가고

가족들과는 발길이 끊긴 지 오래
손 벌릴 곳 없는 이 씨는
허물어져 가는 눈사람처럼 서 있다

밑동 썩은 봄이 주춤주춤 다가오고

뒷골목 고양이 뒷덜미에서
불시착한 봄이 절룩이는 오후

기울어진 축대 틈에
노란 민들레 한 송이 꼿꼿하게 핀다

어둠 서식지

아파트 정원 한구석
보리뱅이 한 포기가
19층 높이의 그늘을 이고 있다

정수리 닳도록 머리로 치받으며
높이와 그늘을 밀어 올려도 여전히 같은 자리다

화초가 아닌
잡초로나 불리며 숨어 살며
양지를 그리워하던 보리뱅이

고집스레 지향하던 수직의 길을 접은 건
어쩌지 못하는 운명이다

위태로운 기형의 길이 생긴다
그곳엔 언제나 통과할 수 없는 운명이 슬어놓은
단단한 어둠이 서식 중이다

연장을 든 수위 아저씨 발자국 소리가

저벅저벅 다가온다

캄캄한 이력을 가진
슬픔 한 채가 우지끈 흔들린다

심장 박동 소리가 심연으로 심연으로
아득한 벼랑을 타는 이곳은 어둠의 안쪽,

광덕산의 봄

이 육시랄 년아아
이 급살 맞을 년아아
이 염병할 년아아…

부지깽이 장단이 솥전을 때릴 때마다
날아다니던 비수 같은 목소리

저녁때만 되면 어김없이 부엌을 달려 나오는
춘자 엄마의 무심하고 앙칼진 욕설들
춘자의 가슴에 콕콕 박혔다

습관처럼 딸을 향해 던진 말이
어느 틈에 씨가 되었을까

열일곱 어린 춘자
어느 저녁 찔레꽃 덤불 뒤에 숨었다
뒷동네 사는 형기 아버지의 아이를 뱄다는
오싹한 소문이 작은 마을을 두더지처럼 숨어 다녔다
〈

매년 봄이 오면 광덕산 오리나무 큰 가지엔
두견이 한 마리가
애가 끊길 듯한 소리로 꺼이꺼이 운다
머리를 풀고 춘자네 집 쪽을 향해
고무신 한 켤레 곱게 벗어놓은 두견이가

서둘러 떠나버린
춘자를 태운 봄이라는 기차
아무리 둘러봐도 브레이크가 없었다

굴절된 풍경

아프다,라는 말의 경계에서
아슬아슬 균형을 고집하는 것들이 있다

넥타이처럼 좁고 긴 농로에서 여름 햇살에 붙어 있는
굴절된 그림자들

가끔 무기력을 풀풀 날려주려는 듯 새들이 날아간다

고무신 속에 갇힌 발들이 이 순간에도 걸어가는 것
같은 착각

뜨거운 계절의 무게에 눌린 두 사람이 남긴 둥근 그림
자를 데리고

자갈 대는 자갈들의 소박한 울음이 집으로 가고 있다

아직 길가 쪽 아까시나무에선 중복 무더위를 머리에
이고
목이 터져라, 우는 한 겹 날개를 가진 매미들의 굴절

된 날들

 그때 할머니와 내 머리 위에 형벌처럼 둥글게 올려졌던 수박들은 온전히 궁핍의 무게였다 짓누른다는 의미를 모른 채 시오리 길 한여름 소복한 뙤약볕 속을 걷고 또 걷던 굴절된 추억의 부록, 12살 어린 날의 흐린 풍경, 바위 같은 무게에 짓눌려보면 안다, 거드름뿐인 힘 따위 앞에서는 절대 주저앉지 않는다는 것을

겨울의 무게

삶의 궤적이
피라미드 모서리만큼 가파르다

거리엔 입과 코를 틀어막은 마스크들
불안한 시선이 둥둥 떠 있는

정덕초등학교 교문 지나 왼쪽으로
굽어보는 벚나무를 끼고 차가운 담장을 돌면
손바닥만 한 공원 한구석

입동 추위에 내어준 잠 위로
가끔 뿌려지는 싸락눈발은
이름 없이 살다 간 새들의 뼛가루처럼 쌓여가고

공원의 추운 불빛은
지친 잠의 환부를 오래오래 들여다보며
뱃구레 꺼진 푸석한 등을 쓸어준다

공원 앞 인도엔 오가는 발걸음들 분주하건만

휴지조각처럼 구겨진 허랑한 잠에
다녀가는 건 싸늘한 눈빛뿐

길게 늘인 목으로
마스크 너머의 너머를 넘겨다보며
오늘의 안부를 묻는 천 개의 바람도
쩡쩡 결빙 음을 내며
아찔한 겨울을 이어가고

길냥이의 허기로 구겨진 밤은
북쪽을 향해 힘없이 기울고 있다

바람 불다

벼랑이 벼랑을 안고 산다
평지를 사랑하기엔 너무나 아득하다

생각조차 바삭바삭 건조해신 동피랑 앞에서

느닷없는 바람이 분다

동화 속 같은 새 옷을 입은 무늬 진 낯선 바람,
넘어질 것 같던 벼랑이 슬며시 몸을 세운다

어린 왕자, 보아뱀, 지구별
백설 공주, 일곱 난쟁이가 이사 온 동피랑

산뜻한 왁자함이 나의 시선을 잡아당긴다

세상은 바라보는 각도에 따라 벼랑 끝이 달라진다
〈

벼랑이 평지보다 더 평평해지기도 한다는 걸
넌지시 내게 일러준 동피랑

3부

헐렁함은 헐렁함의 표정으로

물 위를 걸어온 당신의 발자국들,
저마다 헐렁하다
천 개의 얼굴 표정이다

헐렁해지고 보니 알겠다
헐렁함은 헐렁함의 표정으로 살아간다는 것을

장딴지 탱탱하게 굵어지던 봄은 봄바람에 헐렁해지고
당신은 조금씩 평안에 스며들며 저물어 가고 있다

헐렁해지고 보니 알겠다
그리움은 그리움의 저녁으로 살듯이
헐렁함은 헐렁함의 근육으로 단단해진다는 것을

물 위의 발자국이 말라가면
그리움도 가끔은 폭력적이다

먼바다로 저무는 수평과 수직이었던 당신의 발자국도

나는 2059년 2월 13일에 죽었다

저녁은 늘 말이 먼저 짓는다

오늘 저녁은 낙지볶음, 싱겁게 하라는 말이 따라붙는다

가슴을 후벼 파는 잔소리가 먼저 나를 들이받는다

아니 꼭 그 말을 해야 하나?

에구 저세상에서는 절대로 당신은 안 만날 테다

머리 뚜껑 열리는 소리는 다시 싱크대를 소란스레 때린다

그게 맘대로 될까?

구석구석 뒤져서라도 찾아낼 건데 훙

성형할 건데도?
〈

개 풀을 건데 푸하하…

오늘을 들이받는 것들엔 뿔이 없다

우주에서 떨어진 생각이 나폴나폴 날아다니는 밤

난 1989년 3월 32일에 이미 죽었다

죽은 말들이 저녁을 짓는 저녁이다

실종

늘 그 자리이던 두 개의 눈망울이 없다

눈망울이 사라진 뒤에 늘 가던 길도 어디론가 사라지고
느린 걸음새로 걷던 발자국만 껌벅이고 있다

눕거나 어슬렁거리며 밀어내던 늙은 하루가
엿새째 보이질 않는다

건너편 쇠창살 담장 너머 행방이 감춰진 그곳에서
유홍초 환삼덩굴 메꽃이 감아올린 합세가
촘촘히 우울을 덮고 있고

거북꼬리와 등골나물 도꼬마리의 질긴 힘들은
한껏 몸집 부풀려 스크럼을 짜고 있다

지나간 날들을 실종 신고한 저 햇빛들,
지구 밖 어디쯤에선가 날 선 도끼날에
번개처럼 스러지는 비명소리 듣는다
〈

하필
말복 다음날이었다

어둠이 서식하던 공간 하나
우두커니
붉
다

아도니스*

어둠의 엄습이다
성큼성큼 빠른 보폭으로

방이 돈다
그가 돈다
달궈진 불판의 낙지처럼 그가 팔딱인다

엄마를 부르는 애절한 목소리로 허둥대며
발작과 혼절이 곡예曲藝를 한다

이를 외면한 그녀, 돌아앉아 화장을 하고 있다

아악!
짐승 같은 외마디와 함께 튀어 오른 그,
매정함의 목덜미를 물어뜯는다

그의 두 번째 봄이 통째로 쓰러진다
비명도 발버둥도 사라진 완전한 어둠
〈

그의 실핏줄 갈피마다 어둠을 파종해 온
계모라는 이름의 목덜미엔
모성 주린 잇자국이
한 송이 독화毒花로 피어난다

바람의 숨이 멎고 울던 새소리도 멈춘 곳

눈 속에 떨고 있는 애처로운 꽃잎 속엔
복수復讐의 칼날 세운 서슬 퍼런 독기가 숨어 있다
피처럼 붉은 저녁 향해 치사량의 향기로

* 그리스 신화에 나오는 아도니스(서양 복수초). 아름다운 소년 아도니스가 산짐승의 날카로운 이빨에 물려 죽어가면서 흘린 붉은 피에서 태어났고 꽃말은 '슬픈 추억'이며 피를 상징하기도 한다.

불안 서식지 3

봄이 오는 길이 막혔다 벚꽃 축제 유채꽃 축제 진달래 축제 나비 축제도 삭제되고 고향 친구 넷이서 팔당 유원지 다녀오는 길 운전하던 숙희가 카페에 선글라스를 두고 왔다며 길가에 우릴 부려놓고 부리나케 내달린다 문득 우리 앞에 멈춰 선 검은 승용차는 제법 매끈한 남자 네 명을 쏟아낸다 슬슬 말이 먼저 다가온다 아무런 대꾸가 없자 우린 K본부 방송국 사람들이에요 우리 나쁜 사람들 아닙니다 차나 한잔 같이 하시죠? 말쑥하게 생긴 한 남자가 불쑥 호기롭게 들이미는 말, 그런데 지금 운전하고 가신 분은 그간 우환이 많으셨나 보죠? 네? 아니 얼굴에 우환이 제법 많아 보여서요 예쁘지 않은 숙희로 인한 우환은 느닷없는 우한 같은 건가? 숙희는 마스크를 써야 하는 건가? 우한과 우환은 아주 가까운 사이? 맑은 공기와 시원한 물소리가 우한에 오염되고 평화로운 공기가 불안해진다 불안이 어느 틈에 이곳까지 따라왔나 돌아보니 마스크를 쓴 봄이 사방에서 쓰나미처럼 몰려온다

불안 서식지 4

갠지스강에 꽃잎 같은 시신이 흘러가요

시바 신의 도움으로 세상에 왔다가
생의 끊을 놓친 11개월 된 브라지 쉬리*

들것에 실려 바라나시 골목을 지나
마니까르니까가트**로 가는 중이에요

아기들의 죽음은
화장도 할 수 없게 만들어진 제도는
그의 시신을 갠지스강에 그대로 던져버리네요

가족에겐 시신을 태우기 위한
상주가 받아오는 아그니***도
불씨를 도울 송진액도 톱밥도 필요치 않은 거죠

사람이 죽어 화장을 마치고 나면
영혼은 연기가 되어 하늘로 오르고
타고 남은 재는 갠지스강물에 뿌려져

해탈의 길로 간다는 그 하늘길도
해탈의 물길도 막혀버린 건가요

갠지스강물을 따라
정처 없이 떠내려가는 부레옥잠처럼
알 수 없는 곳으로 흘러가는 어린 영혼

강물에 몸을 맡긴 불안한 서식 하나 바라나시를 이탈
중인가요

* 인도의 여자 아이 이름.
** 인도의 대표 화장터.
*** 화장터의 시신을 태우기 위해 불을 붙여가는 불씨.

지하철은 달린다

초목들의 푸른 종아리가

장정壯丁의 장딴지처럼 단단해지는 계절,

들이닥친 코로나에

하얀 마스크 쓴 채

평화로운 듯 질서를 실은

서울의 지하철은 또 하루를 건너간다

우리들은

내일의 희망을 찾아 달리는

아홉 개의 노선에 탑승한다

빨리 빠* 소녀 달리트** 삼팟

지구에서 먼,
캄캄한 한 장의 맨발과 마주친다

길고도 질긴 허기를
우적우적 베어 먹던 티 없이 예뻤을 그녀,

언제부턴가 관광객의 화려한 외풍에 사로잡혔다

나의 스웨터 문양을 당긴다
웃음 섞인 거친 몸짓으로 처음 본 내 모두를 당긴다

죽은 자의 옷을 걸친 채
짐승 이하의 취급이나 받는
그늘진 그녀의 삶을
내 가슴속 한쪽에 단단히 휘묻이한다

지구에서 가장 먼 지구에서
삶과 죽음은 단연코 동의어라고 부르짖는
〈

철저하게 소외된 맨발 한 장의 페이지를
끝내 넘기지 못한 내가
지구 동상처럼 오래 서 있다

* 인도 북부 올드 아그라에 있는 작은 마을 이름.

** 불가촉천민과 같은 뜻으로 쓰이며, 인도의 카스트 제도에서 사성에 속하지 않는 가장 낮은 신분의 사람들로 법 제도상의 신분 차별은 폐지되었다.

여우재에 불던 바람

여우재에 가면 너를 볼 수 있을까

혼자 고개를 주억거리며 두 귀 쫑긋 세우던

우리들의 여우재엔 여우의 꼬리가 사라진 지 오래

길 아닌 길의 초목 사이로 부드러운 눈빛이 우거지고

침묵 쪼갠 커다란 네 손이 내 손을 꼭 잡을 때

서러운 것들 안개처럼 흩어지던 이 고개

제멋대로 떨리던 두 손이 껴안은 것은 우리 둘 뿐인 세상

 바위틈에 숨어 익은 산앵두 같은 너의 말을 사탕처럼 받아먹으며

 너의 웃음이 연기처럼 사라질까 두려워, 행성에서 온 어린 왕자처럼

〈

무작정 길을 잃고도 싶었지

우리만의 미로에 불어오던 바람은 붉은 날개를 가졌던가

맞잡은 두 손 놓지 않기로 한 약속이 날갯짓하던

여우재에 가면 하르르 웃음기 넘치던 너를 만날 수 있을까

길 아닌 길

당신에게 간다
갈 수 없어, 닿을 수 없어
가고 또 가는 길

촘촘한 그리움에 젖어버린 그 길

가도 가도 길이 없는 길,
가도 가도 멀어지는 아득하기만 한 그 길이
날마다 낸 그리움의 발자국으로 또렷해진다

촉감이 만져지는 당신의 살내음이,
다정한 음성이 말랑하게 잡힐 듯한
당신에게 가는 길이

보일 듯 보이지 않는 당신의 손짓이
애틋함으로 나를 끌고 간다

높고 깊은 길 아닌 그 길이
가도 가도 멀어지기만 하는 그 길이

질서 잃은 수묵화처럼 조용히 번지고 있다

수시로 펼쳐지는 경계 잃은
당신과의 어제는 더없이 적나라하고

어미 그리며 세월 강 건너는
명치 뻐근한 모든 것들의 발자국이
그렁그렁한 그리움으로 선명히 길을 내는 밤

마음을 잇다

마음과 마음을 잇는 시간이 순천을 향한다

엄마의 손길 같은 바람이 분다

이건 쉽사리 개요를 짐작할 만한 바람이다

온몸에 가을빛 물든 고향 친구 11명

열차가 먼 데로 시선을 이어준다

하나둘 옷 벗는 나무들이 보인다

옛 얘기로 수런대는 가을 숲이 기차 안에도 있다

문득문득 캄캄하고도 아득한 겨울 숲도 있었다

흔들리는 것들이 서로를 잇게 해주기도 했다

제법 멀리 걸어온 우리의 입김이 하나가 된다

〈
서로의 떠드는 소리도 좀체 거슬리지 않는 나이다

조금은 거칠고 낡아가는 시간이 서로에게 향한다

가을보다 더 깊어진 눈빛이 이어지는 물길이다

4부

엘리베이터에서

1자가 없다

2자 밑에 만신창이로 뭉개져 알아볼 수 없는 몰골

빌딩 엘리베이터 안에서 잠시 숙연해진다

살짝 누른 손가락 하나하나의 힘이

견고한 스텐에 야물게 새겨진 1이라는 숫자를

야금야금 먹어치울 수 있었음이 섬뜩하다

그랬구나

생각 없이 던지는 말 한마디 한마디에도

누군가는 시나브로 죽어갈 수도 있겠구나

아스라이 저녁 너머로 걸어가던 오래된 슬픔을 생각한다

이 봄에 온 이봄
-2020년 3월 3일

첫 하늘을 열어젖히며
으앙 으앙

두 눈 까만 너는 그렇게 내게 왔시

46억 년 전 지구 끝에서
천사처럼 가만가만 지상의 늑골 밟으며
물 위를 걸어왔을 너,

힘찬 첫울음으로
우주의 어깨를 흔들며
옹알이 같은 연둣빛 말들을
고물대는 작은 두 손으로 힘껏 뿌리며

먼, 먼 데서
넌 그렇게
형언하기 힘든 환한 빛으로 왔지

너의 동그란 두 눈은

네게 푹 빠지고픈
헤어날 수 없는 나의 블랙홀

이 봄에 온 넌
세상에서 가장 아름답고 소중한
나의 손녀 이봄

봄아, 환하고 예쁜 꽃으로 피거라

그녀의 외출

별들이 모여 사는 그곳에도 바람이 불고 눈비가 내릴까

봄이 있어 산천이 연둣빛으로 깨어나고

여름이 있어 매미 소리로 초목이 우거지고

가을이 있어 온갖 열매들이 단단하게 영글고

겨울이 있어 흰 눈이 세상을 새하얗게 덮을까

세 살 나이로 먼저 보냈던 어린 딸을 부여안고 울어도 보고

앞서간 남편과 어머니를 만나 얼싸안고 밀린 얘길 할 수 있을까

이곳에 두고 간 사람들을 마음 놓고 그리워할 수는 있는 걸까
〈

떠나온 이곳이 궁금해지면 자유로운 바람이 되어

언제든 마음 놓고 훨훨 다녀갈 수는 있는 걸까

많은 생각을 등불처럼 켜 들고 일억 사천만 년 전으로의 외출을 마친 그녀는
불지 않는 바람 앞에서 고향집 밑동 썩어 넘어지던 감나무처럼 살아온 페이지를 조용히 덮었다 그녀의 마지막 외출은 무죄다

정전 3

섬이 되었지요
의료기 침대 위, 버려진 스웨터처럼 구겨진 채

벽에 기대어 창틀 잡고 서 있는 나무처럼
하염없이 어딘가를 응시하는 등대 불빛처럼
그늘진 몸 세우고 있었네요

가슴속 파도가 밀물 되어 밀려올 때면
성난 짐승처럼 짖어대는 무인도의 바위틈에서

콩쥐 팥쥐, 소공자, 플란다스의 개 등
수북한 동화책을 새벽이 오는 줄도 모르고
읽고 또 읽어대던 당신

당신의 불빛이 사라진 지 오래되었어요
허옇게 낡아 버린 하나뿐이던 섬의 계절

건네지 못할 그리움 짓이기는
제 마음도 불현듯 정전입니다

〈
기우뚱 가파른 벼랑에 매달려
아득한 소멸을 읽는 밤입니다

오래된 어둠의 발부리에 넘어져 부서진 무릎처럼
펄럭이던 당신이 까무룩 벗어놓은 생애를 읽습니다

세상에서 가장 거룩한 말

뒷산 밭 뽕잎은 누가 다 베어갔을까?

뽕잎을 떨어뜨린 길은
용이네 집 외양간 앞에서 끝났다

아니 우리 집 누에 멕일 뽕잎을 소 멕이겠다고
이렇기 모조리 잘러오믄 우리 누엔 어쩌라는 거유
당장 물어내슈
지서에 가서 벌금 내기 싫으믄…

아버지의 호통 후 날아온
세상에서 가장 느긋하고 거룩한 이 말

일요일에 교회 가서 회개허믄 그만이지
그깟 일로 왜 이리 소란유 소란이

누에는 뽕잎 외엔 먹질 못하니 난감할 수밖에
뽕잎을 못 구한 밤은 바쁘게 오고
〈

할머니와 어머니 눈빛이 짧게 오간다
두 분 눈짓이 다시 향한 곳은 14살의 나

뒤꿈치 든 발걸음들이 밤길을 나선다
신작로 자갈들은 유난히 달그락거리고

야속한 달빛은 뽕나무 밭고랑까지도 살살이 비추고
소쩍새들도 우릴 지켜보는지 숨죽인 채 눈빛이 초롱한 밤
예민함으로 발길이 미끄러진 뽕밭,
하필 오양골 준이네 뽕밭이다

휘어잡는 나뭇가지들이
유난히 큰소리로 떨며 밤을 흔든다
신작로 옆이라서 사람들 눈에 띌까 두려워 가슴이 좁쌀만 해지던 그 밤, 지금도 그때를 생각하면 얼굴이 홍당무처럼 닳아 오른다 어쩔 수 없었노라고 말할 수도 없던 그날 이후, 우린 평생 도둑이라는 딱지를 주홍글씨처럼 가슴 한 켠에 새기고 살았다 이젠 먼 하늘의 별이

되신 할머니와 어머니 그리고 아버지, 가난 없는 나라에서 평안하신지, 뽕잎 도둑이라는 딱지는 어쩔 수 없었다며 용서는 받으셨는지, 소식을 알 수 없는 하늘나라에서 달 밝은 밤이 오면 죄의식으로 아직도 힘드신 건 아닌지, 그리고 여태껏 고백 못 한 그 말 친구 준이야 정말 정말 미안해

11월은

텅 빈 하늘

빈 가지*들

실오라기도 걸치지 못했네요

윙윙 울어대는 찬바람도 숨을 곳이라곤 없어요

11월은 지난봄 별이 되신 엄마를 빼닮았네요

눈시울 붉히며 허정허정 저녁 강을 건너던 노을처럼

   그림자조차 내려놓은 앙상함으로 그 먼 길을 바람 되어 떠나시던 울 엄마를

* 오세영 시인의 「겨울 노래」에서 빌려 씀.

고향은 엄마의 대명사

엄마, 하고 가만히 부르노라면
말보다 눈물이 앞장서는 그 이름

그립다로 시작해서 그립다로 끝나는 그 이름

엄마

벚꽃이 외로움의 높이에서 그리움의 무게로 투신하던 지난봄
어두운 밤하늘의 별이 되신 꿈에도 내 편이던 울 엄마

이곳에서 저곳으로 가는 한 발만도
1억 년의 인연이라던데

키보다 높은 엄마 향한 그리움들
그리움은 그리움의 무게로 지는 걸까요

엄마 향한 그리움은 가슴속 깊은 곳에서
오늘도 선명한 외로움으로 자라고 있어요

〈
고향집 여기저기서
궁핍으로 눈물 훔치시던 엄마 옆모습을 닮은
애틋하고도 아릿한 내 고향 송악

나를 품어주는 고향 송악은
엄마의 또 다른 이름이지요

고향을 향한 그리움은
언제나 푸른 심장을 가진 엄마라는 또 다른 이름이지요

산수유

그해 겨울 터질 듯 복수가 차올랐다
네 개의 링거 주사로도 모자라 수혈까지 하면서

그때처럼 수혈 중인 철관들
풍선처럼 불러오는 배에 소멸을 친친 감고 있다

곧 바스러질 듯 허연 입술 달싹여
오늘은 자고 가면 안 되겠니?
결혼 이후
처음 듣는 무릎 꺾인 그의 말

낼모레가 시아버님 돌아가시고 첫 설인데
가서 음식 장만해야죠

도착 후 1시간 만에 병원 문을 나서던 그녀의 말은
그에게 가장 서러운 허공이 되었으리라

열나흘 후
둘만의 시계는 영영 멈춰버렸고

그녀는 가슴 깊은 곳에
철커덕, 눈 붉은 그날을 가두었다

산수유나무가 조문객처럼 늘어선 이곳
초겨울비가 내린다

겨울비 사이로 끙끙 앓는 소리가 간간이 새고 있다

유년, 그 바람 곁에서

1
점순이가 묻힌 강변 애장터에서
그 바람은 불기 시작했다
나의 눈물도 거기 묻혀서 여러 번 바람꽃이 핀 적이 있다
누구에게나 있으나 내게는 유난히 오싹한 바람이
거적때기를 끌며 바싹 따라붙어
어린 날의 뒷덜미를 확 낚아채던

2
용천배기*가 사는
골말 모퉁이에서 또다시 휘몰아치는 바람
순이네 푸른 보리밭에서
용천배기가 우적우적 애기를 먹고 있다
눈썹 한 포기 없는 그 바람이
뭉툭한 손 내저으며 따라붙는다
내 머리채를 확 잡아채던

내가 붙인 바람의 이름들이 아직도 살아 있다

한 떨기 고요로 동그마니 앉은 채
나는 그 무정형의 바람의 이름을 먹고 산다

* 문둥이의 방언.

어둠을 놓고 가다

1.
연장도 없이
뚝딱거림도 없이
설움을 올올이 뽑아
허울 한 채 지은
그가
아가리 큰 슬픔의 집으로 이사를 한다

2.
배고픈 날엔
비린 찔레순을 꺾다가
눈물 같은 핏방울로 맺히고
풋살구 따 먹고 불러오는 헛배 움켜잡고
토악질도 해대고
때론 함께 쫄깃한 별똥별을 줍던
커다란 두 눈에 그늘이 퍼렇게 내려앉던 그 아이가

3,
시름시름 병든 달을 오래도록 파먹더니
불현듯 나의 손을 놓고 캄캄하게 사라진다

눈을 찌르다 귀신이 된 햇살들이
죽은 줄도 모른 채 눕지 못하고 서성댄다

잠시 중심 무너진 허공 한구석엔
목숨을 잡아당기느라 힘줄 불거진
공기 한 줌이 뻣뻣하게 굳어간다

양지의 반대편으로 이사한 그가
자신이 서 있던 자리에
집채만 한 어둠을 놓고 갔다

황태덕장에서

앙칼지게 할퀴어대는 해풍과
마구잡이로 퍼부어대는 폭설,
감사납게 우짖는 산짐승들이
이정표처럼 서 있는 밤을 하루도 피할 수 없었나

넌 이러한 싸늘한 방식들로부터
조금씩 조금씩 야위어갔지
흐려져 가는 퀭한 눈으로
먼 밤바다에서 돌아오고 있는 건지

어디로 돌아서든 너의 눈에 비친 곳은
머물 수 있는 지붕은 아니다

너로 시작하여 너로 끝나는
섬처럼 박혀버린 견고한 적막 속,
파랗 움켜쥔 결박은
네게서 비릿한 체취마저 앗아갔고

네가 내게 돌아올 길은 이제 없다

〈
아득히 저물고 또 저물며
딱딱해지는 계절을 지나고 있을 뿐

혜린이

낮달이 서쪽 하늘의 등을 할퀸다

등에 없는 두 살배기의 발가락이 어느 별에 가 있는지

아장대는 뒤뚱 걸음으로 흔들리는 오후 3시

하늘이 낮달의 등을 토닥이며 둥둥 어른다

광명사거리 매정한 그날의 뒷골목을 허둥지둥 헤매는 맨발

아이의 사라진 석 달을 부르다 엄마는 소리조차 잃어버렸다

가파른 언덕에서 꿇은 무릎으로 두 손 모아 올려다본 하늘이

목에 걸린 통감자에 허옇게 질려 있고
〈

엄마 찾던 천 개의 헛손질도 어디에서 잠들어 있는지

불안이 다른 불안의 숨통을 꽉 막고 있다

■□ 해설

서쪽, 혹은 몰락과 소멸의 삶의 형식
―서주영 시인의 두 번째 시집 읽기

황치복

(문학평론가)

1. 서쪽, 혹은 몰락하는 존재의 이치

『나를 디자인하다』(미네르바, 2017)라는 첫 시집 이후 서주영 시인의 두 번째 시집『어둠 서식지』이다. 모든 시인들이 대체로 그러하듯이, 첫 시집에서는 시인의 자서전적인 사실들을 개성적인 시각으로 풀어놓았다면, 이번 시집『어둠 서식지』에서는 어머니와 사별이라는 개인사적인 측면에서 변고에 해당하는 사건을 축으로 해서 세상을 읽어내는 시인의 시선과 상상력이 시집 전체를 가득 채우고 있다. 저물고, 기울고, 몰락하는 자연 현상을 비롯하여 소멸과 상실로 향하는 운명에 대해서 촉각을 곤두세우고 있는 시인의 모습에서 우리는 어머니와의 사별이라는 사건이 얼마나 충격적이고 곤혹스러운 것이었는지를 짐작할 수 있다.

그런데 어머니와 사별이라는 사건이 아무리 시인에게 존재를 뒤흔들어 놓는 사건이라고 할지라도 자신의 고통과 아픔을 토로하는 것으로 그친다면 문학의 심미적 효과는 반감될 것이다. 개인적인 고통과 곤경이 아무리 극심하고 가혹한 것이라고 하더라도 자신의 개인적 고통에 매몰되어 있다면 그것은 독자들의 참여와 공감을 유도하는 데에 한계를 지닐 수밖에 없기 때문이다. 물론 도저히 받아들이기 어려운 혹독한 운명의 시련에 대해 몸부림치는 개인의 연약한 모습은 그 자체로 문학적 감동의 원천이 될 것이기는 하지만, 그것이 보편적인 인간의 고통과 아픔, 혹은 세상의 이치와 섭리에 대한 인식으로 확장되지 못한다면 그것의 심미적 효과는 제한될 것이기 때문이다. 시인의 개인적인 아픔과 고통이 미학적으로 정화되지 않은 채 시인의 주관적인 정념의 형태로 생경하게 노출된다면 그러한 시편들은 감상적인 차원으로 전락할 위험성도 지닌다.

다행히 서주영 시인은 그러한 개인적인 아픔과 고통을 유한한 인간 존재가 지닌 보편적인 곤경으로 승화하고 있으며, 이웃의 처지와 곤경에 대한 시선으로 관심을 확대함으로써 연민과 공감의 시의식을 보여준다. 시인은 어머니와 사별이라는 극적인 사건을 통해서 내면적 성숙을 기함과 동시에 세계의 참혹과 곤경이라는 현실로 눈을 돌려 그러한 현실에 대한 독자들의 참여와 공감의 통로를 마련하고 있는 셈이다. 우리는 이러한 현상을 시적 성숙, 혹은 시적 자각이라고 명명할 수 있을 터인데, 시인이 한 권의 시집을 통해서 내적 드라마와 같은 극적 반전을 보여주기 때문이다. 시인이 그려나가는 내면의 극적 드라마의 행적을 쫓아가 보자.

저무는 것들처럼 당신의 등도 서쪽으로 굽어 있다

하루하루의 눈동자와 저녁의 어깨 위에

슬픔을 으깨어 얹은 당신이 앉아 있다

저문다는 건 바람에 긴 그림자가 힘없이 흔들리는 것

그리움이 옅어지고, 계절이 쓸쓸해지고 철저히 혼자가 되는 것

〈

　저녁이 내려앉은 굽은 각도에서, 펼 수 없는 서쪽 모서리에서

　당신과 나의 지난 시간이 염분처럼 버석거린다

　저문다는 것은 서쪽으로 애증의 질문을 넌신다는 것

　등이 굽은 당신의 그림자를 껴안고 다독인다는 것
　　　　　　　　　　　　　　　　― 「서쪽」, 전문

　시집을 펼치면 가장 먼저 발견할 수 있는 시인데, '서쪽'이라는 시의 제목이 저간의 사정을 함축하고 있다. 시적 공간을 가득 채우고 있는 이미지는 저물다, 굽어 있다. 으깨다, 흔들리다, 옅어지다, 쓸쓸해지다, 혼자가 되다, 버석거리다 등등의 시어에서 파생하는 것으로써, 몰락과 상실, 퇴락과 소멸의 심상이다. 이러한 조락의 이미지와 이미지의 주체가 되는 당신의 등, 혹은 슬픔, 그림자, 그리움, 지난 시간 등이 어우러져 시의 제목인 '서쪽'을 완성한다. 이러한 다양한 이미지들 가운데 가장 초점이 되는 것은 '저문다'는 시어가 환기하는 소멸과 종결의 이미지인

데, 이러한 이미지가 가리키는 것은 물론 '죽음'이다.

그러니까 시인은 이 시에서 죽음의 이미지를 그리고자 했으며, 관심의 초점인 죽음에 대해서 '굽는다'든가, 바람에 흔들리는 것, 혹은 "철저히 혼자가 되는 것"이라든가 수분이 증발하여 버석거리는 것 등의 인식을 표명하고 있는 셈이다. 물론 이러한 죽음의 속성이란 슬프고, 쓸쓸하고, 고독한 것이기에 기피의 대상이 될 수밖에 없다. 그런데 시인은 박탈감과 상실감, 고독과 정한을 산출하는 죽음이기에 그것은 연민과 공감을 야기하고 위로와 환대를 불어오는 것임을 암시한다. 시의 마지막 구절인 "등이 굽은 당신의 그림자를 껴안고 다독인다는 것"이라는 표현에서 그러한 메시지를 읽어낼 수 있는데, 지금까지 시인이 구축한 이미지가 박탈과 조락의 이미지라면 여기에 와서는 죽음이 포용과 위로의 기제로 작동하게 되는 것이다. 이러한 장면은 시인이 이 시집 전체를 통해서 보여주는 내적 성숙과 반전의 모습이라고 할 만하거니와 아픔과 고통을 통해 시적 인식의 지평을 심화하는 장면이라는 점에서도 중요한 지점이라 하겠다.

소멸과 상실, 그리고 궁극적으로 죽음에 관한 관심은 이 시집의 다양한 시편들에서 발견할 수 있는 현상이다. 시인은 「엘리베이터」라는 시에서는 사람들의 손가락 지문에 닳아 1층의 1자가 없어진 것을 보고 "생각 없이 던지는 말 한마디 한마디에도/ 누군가는 시나브로 죽어갈 수도 있겠구나/ 아스라이 저녁 너머로 걸어가던 오래된 슬픔을 생각한다"(「엘리베이터」)라고 하면서 사소한 경험을 죽음과 연결시킨다. 또한 「정전 3」이라는 시편에서는 "당신의 불빛이 사라진 지 오래되었어요/ 허옇게 낡아 버린 하나뿐이던 섬의 계절// 건네지 못할 그리움 짓이기는/ 제 마음도 불현듯 정전입니다// 기우뚱 가파른 벼랑에 매달려/ 아득한 소멸을 읽는 밤입니다"(「정전 3」)라고 하면서 '정전'이라는 사소한 사건을 통해서 암흑 속으로 사라진 사람을 떠올리며 애도하기도 한다. 사태가 이러하기에 '가을'이라는 계절을 통해서 이별과 상실의 메타포를 읽어내는 것은 지극히 자연스럽다.

  점점 내려앉는 강의 기슭,

  발을 숨긴 고요가 저녁의 허리를 꺾고 있다

  야윈 발목이 끌고 가는 당신의 발자국 소리 듣는다

  지난밤, 주변을 서성이던 바람은

〈

마른풀들이 무서리와 마주하는 동안

쑥부쟁이 구절초 산국 감국으로 꽃수레를 만들었을까

꽃수레를 밀고 가는 계절의 어깨는 그믐달처럼 기울고

수의 걸친 주검들, 한없이 가볍다

저녁이 한마디 비명도 없이 넘어지고

서늘한 의문을 베고 누운 당신은 저 홀로 홀쭉하다

가야 할 이유도 모르고 캄캄한 벼랑을 타다가

기슭을 놓쳐버리고 혼절한 강물,

숙성된 슬픔에

당신의 구겨진 뒷모습이 반짝인다

— 「가을 설명서」, 전문

이 작품 역시 조락과 상실의 이치를 그리고 있는데, 단순히 그러한 현상에 대해서 정서적으로 대응하기보다는 섭리와 이법에 대한 사유와 고찰을 통해서 몰락의 형이상학에 접근하고 있다. "점점 내려앉는 강의 기슭"에서 내려앉는다는 이미지, 그리고 "고요가 저녁의 허리를 꺾고 있다"는 표현에서 '꺾고 있다'는 이미지, "야윈 발목"이라는 표현에서 '야위다'는 이미지 등이 모두 상실과 조락의 가을 이미지를 함축한다. 특히 "마른풀들이 무서리와 마주하는 동안"이라든가 "계절의 어깨는 그믐달처럼 기울고", 그리고 "수의 걸친 주검들, 한없이 가볍다" 등의 표현에서 강조하고 있는 마르거나 시들다, 혹은 기울거나 가볍다 등의 시어들이 가을의 속성을 대변해 준다. "수의 걸친 주검들"이라는 표현은 이러한 모든 이미지들이 상정하는 가을의 핵심을 응축하고 있다.

주목되는 부분은 바로 "가야 할 이유도 모르고 캄캄한 벼랑을 타다가/ 기슭을 놓쳐버리고 혼절한 강물"이라는 구절인데, 이러한 표현 속에는 어떤 불가사의한 자연의 섭리라든가 세상 운행의 이치와 같은 것이 내포되어 있다. 그러니까 어떤 알 수 없는 존재의 커다란 손에 의해서 운명이라는 알 수 없는 힘이 작동하고 있다는 것, 그리고 그러한 힘이란 바로 "혼절한 강물"이라는 표현에서 추출

할 수 있듯이 자연, 혹은 신이란 초월적인 존재에서 발산되는 것, 혹은 시간의 흐름이라는 비가시적인 힘의 작동일 수도 있다는 것 등의 함의를 읽어낼 수 있다. 시인이 이처럼 몰락과 조락의 현상 이면에서 작동하는 어떤 숨어 있는 힘의 존재를 자각했기에 "숙성된 슬픔에/ 당신의 구겨진 뒷모습이 반짝인다"는 표현이 가능할 수 있다. '숙성된 슬픔'이란 곱씹고 되새김질한 슬픔이라고 할 수 있는 터인데, 그러한 슬픔이란 곧 정서적 차원을 넘어서 어떤 이치와 질서에 접근하는 기제라고 할 수 있으며, 그러하기에 시간의 질서라든가 운명의 힘에 의해 '구겨진 뒷모습'에서 '반짝임'을 감지할 수 있는 것이다. 한편을 더 읽어본다.

  아득한 곳에 머무는 꽃

  그 아득한 순간을 놓아버린
  울음 박힌 꽃잎들의 몰락이 하얗다

  울음 대신 꺼낸 표정에서
  삭제된 감정들은 일제히 풍경이 되고

  우린 지금 서로 다른 알고리즘을 펼치며

각자의 방식으로 이별을 읽는 중일까

　　별들이 천변 서쪽으로 말없이 기우는 것처럼
　　저녁은 슬픈 방식으로 푸르게 충혈되고 있다

　　천천히 씹고 있는 벚꽃의 신음들,
　　서로의 눈물에 기댄 투신법을 알고 있다

　　이후 점점 힘을 잃는 것들의 정체를
　　나는 이별이라 써 보기도 했지만

　　서로의 등을 바라보는 것에 익숙하지 않은 밤

　　슬픈 방식을 슬프게 읽는 것은 이별이 아니다
　　　　　　　　　　　　　　　 ― 「이별 방정식」, 전문

　"그 아득한 순간을 놓아버린/ 울음 박힌 꽃잎들의 몰락이 하얗다"라는 표현에서 유추할 수 있듯이, 시인이 문제 삼고 있는 이별이란 곧 차안과 피안 사이에 놓여 있는 것이다. 차안에서 붙잡고 있는 것들을 놓아버리고 피안으로 이동하는 것, 혹은 "별들이 천변 서쪽으로 말없이 기우는 것처럼" 어떤 고정된 곳에서 넘어가거나 떨어지는 것을 의미한다. 이 시에서 유독 강조하는 꽃의 낙화라는 현상을 생각해 볼 때, 그것은 존재의 찢김, 혹은 갈라짐과 같은 파국과 비극적 결말을 상정할 수도 있다. 소멸과 상실을 전제하기에 이러한 현상은 슬픔이라든가 고통과 같은 정동을 동반할 것인데, 이 시에서 "울음"이라든가 "슬픔", "눈물"과 같은 시어들이 빈출하는 것은 이러한 메커니즘에서 지극히 당연한 소치이다.

하지만 시인은 "슬픈 방식을 슬프게 읽는 것은 이별이 아니다"라고 하면서 이별에 어떤 특별한 의미와 지평을 설정하고 있다. '슬픈 방식'과 관련하여 참고할 수 있는 대목은 "저녁은 슬픈 방식으로 푸르게 충혈되고 있다"라는 구절인데, 이러한 표현에서 슬픈 방식이란 어둠으로 짙어지면서 부정적인 정동이 충만해지는 현상을 암시한다. 또한 시인은 "이후 점점 힘을 잃는 것들의 정체를/ 나는 이별이라 써 보기도 했지만"이라고 하면서 "서로의 눈물에 기댄 투신" 이후 그러한 정서적 감염으로부터 해방되는 과정을 이별에 가까운 것으로 상정하기도 한다. 그러니까 이러한 표현들을 종합해 보면, 진정한 이별이란 농밀한 감정의 엄습에서 벗어나 이별 그 자체를 냉정하게 수용하고 받아들이는 것이라고 상정해 볼 수 있다. 이별을 어찌할 수 없는 자연의 이치나 법칙으로 수용하면서 그것을 내면화하는 것이 진정한 이별인 셈이다.

2. 어머니의 죽음, 혹은 근원적 매트릭스의 붕괴

서쪽이라든가 가을, 혹은 이별 등의 제목에서 알 수 있듯이, 시인의 주된 관심사는 몰락과 조락, 혹은 상실과 소멸과 같은 '죽음'의 자장 속에 있음을 확인할 수 있었다. 이번 시집을 조감해 보면 알 수 있듯이, 시인이 이러한 상실과 소멸의 비극적 현상에 붙들려 있는 것은 어머니의 죽음이라는 시인의 자서전적인 사건 때문이다. 다양한 시편들에서 시인은 어머니의 죽음을 고통스럽게 회고하면서 당신의 신산한 삶에 대해 반추하면서 애도하는데, 다음 작품이 시인의 시적 관심사와 어머니의 죽음과의 연관성을 선명히 보여준다.

텅 빈 하늘

빈 가지*들
〈

실오라기도 걸치지 못했네요

윙윙 울어대는 찬바람도 숨을 곳이라곤 없어요

11월은 지난봄 별이 되신 엄마를 빼닮았네요

눈시울 붉히며 허정허정 저녁 강을 건너던 노을처럼

그림자조차 내려놓은 앙상함으로

그 먼 길을 바람 되어 떠나시던 울 엄마를

  * 오세영 시인의 「겨울 노래」에서 빌려 씀.

— 「11월은」, 전문

"11월은 지난봄 별이 되신 엄마를 빼닮았네요"라는 구절에 저간의 사정이 응축되어 있다. "별이 되신 엄마"로 인해서 세상은 황폐화 되었다는 것, 그래서 하늘은 "텅 빈 하늘"이며, 가지들은 "빈 가지들"이고, 세상은 "실오라기도 걸치지 못"할 정도로 피폐하게 되었다는 것 등의 사정을 헤아릴 수 있는 것이다. 그러니까 "별이 되신 엄마"는 온 세상을 11월처럼 만들어버린 궁극적인 원인인 셈인데, "윙윙 울어대는 찬바람도 숨을 곳이라곤 없어요"라거나 "눈시울 붉히며 허정허정 저녁 강을 건너는 노을"이라고 하는 것을 보면, 세상이 온통 비탄과 상실의 기운으로 충만하게 된 근원이기도 하다. 시인은 "그림자조차 내려놓은 앙상함으로 그 먼 길을 바람 되어 떠나시던 울 엄마"라고 하면서 세상의 앙상한 11월과 같이 되어 떠나시던 엄마를 회고하면서 애도하는데, 이번 시집 『어둠 서식지』는 그런 점에서 돌아가신 어머니를 위한 헌사라고 할 만하다.

한 번의 겨울이 지나면서 결핍이 생겼다

어떤 이별은 목이 기다란 그리움을 쌓는 일이다
단 한 번에 떨어진 동백의 모가지를 끌어안는다

달은 뒷면에 이별을 새기고 그리움의 경계를 조금씩 보여준다

멀리 있는 것을 가깝게 이어주는 은유가 時間이라서

4월이 와도 난 더는 슬퍼하지 않기로 했다

계절의 보폭에 발맞출 수 있는 조용한 높이로 새는 운다

그늘 업은 햇살이 적막을 낳는 떡갈나무 아래에서
바람이 오래도록 슬어놓은
무성한 통증을 뒤덮고 깊다란 새의 울음을 읽는다

별일 없지?
난 아픈 디 읎어 내 걱정은 허지 말고 잘 지내여
나야 늘 니덜 걱정이지
라며 전화기 너머로 건너와 아픈 맘 도닥이던
세상의 첫 아침 같은 그 목소리가 더는 들리지 않는다

난 지금
이 세상에 없는 그리움을 완독 중이다

― 「그리움을 완독玩讀하다」, 전문

    이별 후 부재로 인한 결핍감이 그리움의 원천일 것이다. 그래서 시인은 "한 번의 겨울이 지나면서 결핍이 생겼다"라고 고백하기도 하고, "달은 뒷면에 이별을 새기고 그리

움의 경계를 조금씩 보여준다"라고 토로하기도 하는데, 어머니와의 사별이 시간이 갈수록 고통스러워지고, 수시로 변덕스럽게 그리움의 정동이 시인을 엄습하는 광경을 연상할 수 있다. 특히 "단 한 번에 떨어진 동백의 모가지를 끌어안는다"라는 표현이라든가 "무성한 통증을 뒤덮고 깊다란 새의 울음을 읽는다"라는 구절을 보면, 시인이 어머니의 죽음에서 얼마나 극심한 정신적 충격을 경험했는지, 그리고 그러한 통증이 나무나 풀 등이 자라서 우거지듯이 시간이 지날수록 시인을 사로잡고 장악하게 되었는지를 짐작할 수 있다.

  시인은 이처럼 「그리움을 완독玩讀하다」라는 제목이 말해주는 것처럼 어머니와 사별 후에 그녀에 대한 그리움의 뜻을 깊이 생각하기도 하고 그 의미와 파장을 자세히 음미하기도 하는 모습을 보여준다. 그 가운데 시인을 가장 사로잡는 기억은 "별일 읎지?/ 난 아픈 디 읎어 내 걱정은 허지 말고 잘 지내여/ 나야 늘 니덜 걱정이지"라는 어머니의 평범한 이승의 발화인데, 이러한 말속에는 자식을 생각하는 어머니의 절절한 속마음이 시인의 마음을 아리게 한다. 시인은 시의 마지막 부분에서 "난 지금/ 이 세상에 없는 그리움을 완독 중이다"라고 하면서 그리움 자체를 음미하고 있음을 토로하는데, 이러한 구절 속에는 어떤 '황

홀한 슬픔' 같은 것이 담겨 있다. 이 세상에 더 이상 있을 수 없는 어머니에 대한 상념이기에 그것은 고통스러운 것이지만, 이 세상에 둘도 없을 어머니에 대한 그리움이기에 황홀할 수 있는 것이다. 돌아가신 어머니에 대한 회상은 생전의 안타까운 모습으로 향하기 마련이다.

    엄마 이건 버리지?
    놔두면 다 써
    엄마 이건 정말 버립시다
    내가 쓴대는디 니들이 왜 그려 그냥 좀 놔둬
    카랑카랑 맵찬 목소리의 울 엄마

    엄마 이거 버릴까?
    내가 써 논 건디 다 버려
    엄마 이건 엄마가 젤 아끼던 새건데 놔두지
    퇴원해 오면 뭐 입으시려고?
    필요 읎어

    질문과 대답 사이에 도사린 어둠은 길게 키를 늘리고

    앙상한 손가락 사이로 줄줄 빠져나가며

하얗게 퇴색되고 있는 울 엄마

― 「질문과 대답」, 부분

　이승에서 가장 슬픈 일 가운데 하나는 이승에 있으면서 이승에 대한 미련과 의지를 모두 버린 모습을 보는 것이다. 그러한 모습은 몸은 이승에 있지만, 마음은 이미 저승에 가 있는 것이기에 이별의 예감이기도 하고 이별의 살아 있는 모습이기도 할 것이기 때문이다. 시의 첫 부분에서 엄마는 생활의 잡동사니를 버리자고 하는 딸에게 하나라도 곁에 붙잡아두고 싶은 심경에서 나오는 집착과 의욕을 보인다. 그때 엄마는 "카랑카랑 맵찬 목소리"를 지니고 있는데, 이러한 모습은 삶에 대한 의지와 에너지로 넘친다.

　하지만 두 번째 구절에 오면 엄마는 "내가 써 논 건디 다 버려"라고 하면서 모든 것을 포기하기에 이르는데, "이건 엄마가 젤 아끼던 새건데"라는 환기에도 불구하고 "필요 읎어"라는 단호한 선언은 삶에 대한 미련과 집착을 모두 버린 모습을 보여준다. 시인은 이러한 상황에 대해서 "질문과 대답 사이에 도사린 어둠은 길게 키를 늘리고"라고 하면서 비극적 결말을 예감하기도 하고 "앙상한 손가락 사이로 줄줄 빠져나가며/ 하얗게 퇴색되고 있는 울 엄마"라고 하면서 앙상한 가지처럼 되어 피안의 언덕을 넘어가려는 어머니의 안타까운 미래를 상상하기도 한다. 결론이 내려지기 전에 이미 그 결론을 알고 있으면서도 어찌해 볼 수 없이 진행되는 몰락을 지켜보는 심정이 눈에 그려지듯 묘사되고 있는데, 이러한 모습 또한 그리움을 완독하는 모습이라고 할 수 있을 것이다. 어머니에 대한 그리움의 완독은 어머니의 한평생에 대한 의미로 향하기 마련이다.

> 노인정에서 걸어 나온 뒤뚱대는 걸음새
> 어스름 끌고 귀가한다
>
> 잠이 골목 끝으로 빠져나가던 많은 밤
> 앉은뱅이책상에 잠을 일으켜 세우던 숱한 날들
>
> 자칫 한 자라도 틀릴세라
> 침침한 눈 치켜뜨며 또박또박 옮겨 적는
> 네모 칸
> 꾹꾹 눌러쓰는 연필 글씨들
>
> 붓다의 말씀들 낡은 공책 속에서
> 당신만의 거룩한 경전이 된다

〈
지아비를 보낸 후
쓰기 시작한 외로움 쫓는 위로는
어느새 또 가을을 맞았다

칸칸마다 짓는
광덕사 석탑만큼 높다란 경전 속엔
모든 걸 놓아버린 無의 시간이 들어 있다

이승의 끈이 헐거워지는 시간 속에서
꾹꾹 눌러 지은
백여 권이 넘는 경전 속엔

아찔하게 걸어온 당신의 구십 평생처럼
굴곡으로 얼룩진 아득한 길들이 빼곡하다
― 「당신만의 경전」, 전문

"굴곡으로 얼룩진" 어머니의 한평생이 회고되고 있는데, 그것은 "백여 권이 넘는 경전"이라는 구절 속에 응축되어 있다. "붓다의 말씀을 낡은 공책 속에" 베끼는 행위는 "지아비를 보낸 후" "외로움을 쫓"기 위한 위로의 차원에서 시작되었다는 것, 또한 그것은 "자칫 한 자라도 틀릴 세라/ 침침한 눈 치켜뜨며 또박또박 옮겨 적는" 성실과 지극정성의 산물이었다는 것, 그리고 어머니의 사경寫經 행위는 "칸칸마다 짓는/ 광덕사 석탑만큼 높다란" 종교적 구도의 과정이었다는 것이 담담하게 서술되고 있다. 결국 어머니의 그러한 사경 행위란 "모든 걸 놓아버린 無의 시간"을 위한 탈속의 과정이자 해탈의 과정이기에 어머니의 생애는 어머니가 베껴 쓴 "백여 권이 넘는 경전"으로 수렴된다는 시적 논리를 전개하고 있는 셈이다.

백여 권의 경전이라는 사경에 응축된 어머니의 생애 속에는 "아찔하게 걸어온 당신의 구십 평생"이 가득 차 있고, "굴곡으로 얼룩진 아뜩한 길들이 빼곡"히 들어 있다. 생로병사의 모든 고통, 그리고 그러한 고통과 대면하는 어머니의 모습이 얼룩져 있기에 경전은 곧 어머니의 삶이며, 어머니의 삶 자체가 곧 경전이라고 할 수 있다. 실제로 시인은 다른 시편에서 "음전한 보랏빛 언어로 가파른 한 생을 정원처럼 가꿔온/ 변명을 모르는 곡진한 기도 같은 그대 이름은/ 자세 낮춰 오래도록 읽는 한 권의 경전"(「도라지꽃—엄마」)이라고 하면서 어머니의 삶을 한 권의 경전으로 명명한 바 있다. 이러한 장면은 어머니에 대한 그리움이 지닌 그 뜻을 깊이 생각하며 음미한 '그리움의 완독'

과 마찬가지로 어머니의 삶에 대한 완독이라고 할 만하다.

 시인이 어머니의 삶을 하나의 '경전'이라고 은유적으로 표현하는 것은 어머니의 삶에 대한 성스러운 의미를 부여하기 위한 것이다. 어머니의 삶이 성스러운 것은 그녀가 온갖 고통과 결핍에 시달리면서도 "붓다의 말씀"을 실천하기 위해서 노력했기 때문이다. 그야말로 "골곡으로 얼룩진 아득한 길"이 펼쳐지는 가운데, 그 밝고 어두운 삶의 음영들에 대해 어머니가 구십 년 동안 애써 다독이고 다스린 편린들이 녹아 있기에 하나의 경전으로써의 어머니의 삶은 성스러운 것이다. 어머니의 삶에 대한 완독으로써의 이러한 반응은 어머니의 변고라는 사건에 대한 시인의 시적 응전이 아름답고 의미 있는 국면으로 변모하도록 한다. 하지만 더욱 가치 있는 것은 앞서 분석한 이별과 소멸에 대한 시인의 시적 사유라고 할 수 있으며, 이어서 살펴보게 될 몰락하는 존재자들에 대한 연민과 공감의 시학이 될 것이다.

3. 연민과 공감의 시학을 위하여

낡은 세상 한구석이 갸르릉거린다

멎을 듯 가쁜 숨 내쉬며
아무렇게나 던져진 독거

낡은 신발짝 같은
적막이 주인인 썰렁한 방구석엔
앙상함 하나가 넝마처럼 누워 있다

언제부턴가 음침한 어둠이 주인이 된 이곳은
가시투성이 낙타풀 무성한 사막이 되었다

무시로 몰아치는 모래바람 따라

방향도 모른 채 이리저리 흔들리던 늙은 낙타

미물처럼 작아진 몸짓으로

영원한 구석을 향해 시나브로 저물고 있다

― 「영원한 구석」, 전문

　독거노인의 고독한 삶의 양상이 절묘한 비유와 묘사로 표현되고 있는데, 시인이 이러한 곤경에 대해 주목하는 것은 어머니의 죽음을 통해 삶의 피폐와 고통에 대해 관심을 환기했기 때문일 것이다. 시적 관심의 대상인 "늙은 낙타"는 "낡은 세상 한구석"에 해당하는 곳에 거처를 두고 있다는 점에서 세상의 관심으로부터 소외되어 있으며, 그러하기에 혼자서 힘겨운 숨을 내뿜으며 "걔르릉거린다." 그는 세상으로부터 멀어져 혼자서 노년을 감당하고 있는데, "낡은 신발짝 같은" 처지로 전락되어 있으며, "앙상함 하나가" 되어 "넝마처럼 누워 있다." '낡은 신발짝'이라든가 '넝마', 그리고 "가시투성이 낙타풀"이라든가 "무성한 사막" 등의 은유적 표현들은 노년의 삶이 직면한 퇴락과 비참의 참혹한 상황을 암시한다.
　더욱 가슴 아픈 것은 노인이 처한 무기력하고 고독한 상황이다. "늙은 낙타"와 같은 노인은 "무시로 몰아치는 모래바람"에 아무런 대비 없이 노출되어 있으며, 그래서 "방향도 모른 채 이리저리 흔들리"며 부평초처럼 떠내려가고 있다. 자신의 운명에 대해서 어떠한 주체적 의지도 발동할 수 없기에 노인은 무기력하기만 한데, 그래서 그는

"미물처럼 작아진 몸짓"으로 축소되고 만다. 낡은 세상의 한구석을 차지하고 있던 노인이기에 그의 생평은 어떠한 관심과 배려도 받은 바 없을 터인데, 이제는 "영원한 구석을 향해 시나브로 저물고 있다." 그러니까 노인은 아무도 모르는 가운데 누구의 관심도 없이 자신의 생을 마감하고 있으며, 그가 가는 곳이 "영원한 구석"이라는 점에서 그가 생을 마감하더라도 그의 죽음에 대해서도 어떠한 관심을 기대할 수 없다. '영원한 구석'으로써의 노인은 세상의 한 구석에서 없는 것처럼 살다가, 아무도 슬퍼하지 않는 죽음을 맞이하고 있으며, 누구도 그의 죽음을 애도하지 않는 그러한 망각 속으로 빠져들고 있는 것이다.

시인은 이처럼 고독하고 한스러운 한 삶에 대해서 연민과 공감의 시정신을 발휘하면서 애도의 헌사를 바치고 있다. 이번 시집에서 가장 주목되는 점은 이처럼 중심에서 소외되어 인간으로서의 어떠한 권리와 존엄도 보장받지 못한 채 살아가는 벌거벗은 사람들, 즉 호모 사케르(Homo Sacer)에 대한 관심과 환대라고 할 수 있다. 시인은 아프리카의 여행담을 소개하면서 "피와 땀이 쟁쟁 소리내며 서로에게 젖어 드는 한낮,/ 기꺼이 뜨거움 밟는 맨발이 되어 피 철철 흘리는 나무들"(「마다카스카르行」)이라고 하면서 아프리카의 참혹한 현실을 고발하기도 하고, 마그리트 회화전을 감상하면서도 "뒤엉킨 그의 흔적 깊은 곳에서 상처를 길어 올렸지/ 열심히 당겨 보지만 쏟아지고 미끄러지고,/ 퍼 올리고 올려도 바닥은 열릴 줄 몰랐어"(「르네 마그리트전」)라고 하면서 인류가 직면한 비참의 궁극을 응시하기도 한다. '똥고개 마을'의 삶 또한 호모 사케르의 그것이다.

찌든 얼룩으로
북쪽을 향해 기울어가는 상도동 똥고개 마을
버려진 가전제품, 생활 쓰레기들로 어지럽다

주민은 여럿이나 우편함은 하나뿐이어서
여러 손에 이리저리 펄럭이다
구깃구깃 주인을 찾아가는 우편물들

반백 년 꿈꿔온 재개발이지만
탕탕 망치를 내리치는 이 씨를 향해
봄이 왔으니 떠나라며 큰소리로 밀어낸다

소유권, 권리, 자격도 하릴없는 물거품이 되어 날아가고
〈

가족들과는 발길이 끊긴 지 오래

손 벌릴 곳 없는 이 씨는

허물어져 가는 눈사람처럼 서 있다

밑동 썩은 봄이 주춤주춤 다가오고

뒷골목 고양이 뒷덜미에서

불시착한 봄이 절룩이는 오후

기울어진 축대 틈에

노란 민들레 한 송이 꼿꼿하게 핀다

  － 「똥고개 마을의 봄」, 전문

"버려진 가전제품, 생활 쓰레기들로 어지러"운 상도동의 똥고개 마을은 앞서 분석한 작품의 "낡은 세상의 한 구석"에 해당한다. 어떠한 법의 보호도 받지 못하고, 언제 죽어도 이상하지 않을 정도에 놓여 있는 사람들이 산다는 점에서 그곳은 호모 사케르가 거주하는 거처이기도 하다. "소유권, 권리, 자격도 하릴없는 물거품이 되어 날아가고"라는 대목에서 알 수 있듯이 똥고개 마을의 주민들은 모두 예외적인 상황에 놓여 있는 것이다. 또한 그곳은 시적 묘사처럼 "북쪽을 향해 기울어가"고 있다는 점에서 퇴락과 몰락의 현장이기도 하다. 마을의 미래는 소멸과 상실을 향해 놓여 있다는 점에서 시인에게 동정과 연민을 자극한다.

그런데 더욱 중요한 것은 아이러니한 상황이다. 이 마을의 거주자인 이 씨는 "반백 년 꿈꿔온 재개발이지만", 그 재개발로 인해서 생존의 현장에서 쫓겨나게 되었다. 재개발이라는 명목으로 행해지는 도시재생 사업은 사업자의 이윤을 위한 것이지 거주민의 생활 편익을 위한 것이 아니라서 편리한 거주지를 감당한 경제적 능력이 안 되는 서민들은 삶의 터전에서 쫓겨나게 되는 것이다. "탕탕 망치를 내리치는 이 씨를 향해/ 봄이 왔으니 떠나라며 큰소리로 밀어낸다"는 구절이 그러한 사정을 보여준다. 그러니까 똥고개 마을의 거주민인 이 씨는 "허물어져 가는 눈사람" 같은 인물로서 겨울에만 생존할 수 있고, 봄이 되면 녹아 없어져 버리는 그러한 운명을 지니고 있는 셈이다. 그래서 시인은 이 씨와 같은 삶이 강요되는 현실에 대해서 "밑동 썩은 봄이 주춤주춤 다가오고"라고 표현하기도 하고, "불시착한 봄이 절룩이는 오후"라고 묘사하기도 한다.

이 시의 마지막 부분에 초점화되어 있는 "기울어진 축대 틈에" 꿋꿋하게 피어 있는 "노란 민들레 한 송이"는 물론 이 씨의 처지를 대변해 주는 은유일 터이지만, 무너지기

직전의 삶의 터전에 옹색하게 자리 잡고 있는 모습에서 동정과 연민을 자아낸다. 이 시집에는 똥고개 마을의 이 씨와 같은 시적 인물들이 다수 등장하는데, 어릴 적 어머니의 온갖 욕설에 시달리다가 "뒷동네 사는 형기 아버지의 아이를 뺐다는"(「광덕산의 봄」) 소문을 남기고 열일곱 살에 생을 마감한 춘자가 그러한 인물 가운데 하나이다. 또한 시인은 "시바 신의 도움으로 세상에 왔다가/ 생의 끈을 놓친 11개월 된 브라지 쉬리"라는 인도의 한 아이에 대해서도 공감과 연민을 표하는데, 어린아이의 죽음이라 화장도 할 수 없는 현실을 고발하면서 "해탈의 길로 간다는 그 하늘길도/ 해탈의 물길도 막혀버린 건가요"하고 한탄하기도 하고, "갠지스강물을 따라/ 정처 없이 떠내려가는 부레옥잠처럼/ 알 수 없는 곳으로 흘러가는 어린 영혼"(「불안 서식지 4」)이라고 하면서 가련한 운명에 애도를 표하기도 한다. 마지막으로 공감과 연민을 표하는 작품을 한 편 더 읽어본다.

  아파트 정원 한구석
  보리뺑이 한 포기가
  19층 높이의 그늘을 이고 있다
  〈

정수리 닳도록 머리로 치받으며

높이와 그늘을 밀어 올려도 여전히 같은 자리다

화초가 아닌

잡초로나 불리며 숨어 살며

양지를 그리워하던 보리뱅이

고집스레 지향하던 수직의 길을 접은 건

어쩌지 못하는 운명이다

위태로운 기형의 길이 생긴다

그곳엔 언제나 통과할 수 없는 운명이 슬어놓은

단단한 어둠이 서식 중이다

연장을 든 수위 아저씨 발자국 소리가

저벅저벅 다가온다

캄캄한 이력을 가진

슬픔 한 채가 우지끈 흔들린다

심장 박동 소리가 심연으로 심연으로

아득한 벼랑을 타는 이곳은 어둠의 안쪽,

　　　　－「어둠 서식지」, 전문

시인이 주목하는 "아파트 정원 한구석/ 보리뱅이 한 포기"라든가 "화초가 아닌/ 잡초로나 불리며 숨어 살며/ 양지를 그리워하던 보리뱅이" 등은 험난한 생존의 현장에 노출되어 있는 다양한 박탈자 등에 대한 은유적 대상이다. 그것들은 한결같이 '구석'을 삶의 터전으로 하고 있으며, '그늘'을 일용할 양식으로 삼고 있다. "보리뱅이 한 포기가/ 19층 높이의 그늘을 이고 있다"는 구절이나 "그곳엔 통과할 수 없는 운명이 슬어놓은/ 단단한 어둠이 서식 중이다"와 같은 표현들이 그러한 사정을 암시하고 있다. 그들은 "고집스레 지향하던 수직의 길을 접은 건/ 어쩌지 못하는 운명이다"라는 표현에서 알 수 있듯이, 수직적 삶의 지향을 포기하고 수평적인 삶에 만족하는 운명을 받아들이고 있다.

그럼에도 불구하고 그늘과 어둠 속에서 서식하는 보리뱅이는 "연장을 든 수위 아저씨의 발자국 소리"에 "심장 박동 소리가 심연으로 심연으로" 전락하는 극도의 불안과 공포를 일용할 양식으로 삼고 있다. 그래서 시인은 그들의 생존의 터전에 대해서 "아득한 벼랑을 타는 이곳"이라고 명명하기도 하고, "어둠의 안쪽"이라고 하면서 위태로운 삶의 현장을 강조하기도 하고, 소외된 현실의 암울한 미래를 전망하기도 한다. 시인은 "19층 높이의 그늘" 속에서 어렵게 삶을 영위하고 있는 현실이라든가 "운명이 슬어놓은/ 단단한 어둠"을 천형처럼 짊어지고 살아가는 현실을 조감하면서 "어둠 서식지"라고 규정하고 있는데, 이러한 진단 속에는 그늘과 어둠 속의 삶에 대한 형언할 수 없는 안타까움과 함께 위로와 포용의 시정신이 함축되어 있다.

  지금까지 살펴본 서주영 시인의 이번 시집 『어둠 서식지』에서는 어머니의 죽음으로 촉발된 시인의 당혹과 곤경이 고인에 대한 위로와 애도를 넘어서 삶의 이치에 대한 인식으로 깊어지기도 하고, 이웃의 고통에 대한 공감과 연민으로 넓어지기도 하는 장면들을 목격할 수 있었다. 그래서 짙은 애수와 슬픔의 정동이 시집을 우울한 풍경으로 인도하기도 하지만, 삶의 근원적 형식으로써의 몰락과 소멸에 대한 의미 있는 사유에 이르게도 한다. 그래서 시인은 몰락과 소멸이라는 삶의 형식을 음미하면서 바람직한 삶의 자세란 자연의 이치에 순응하면서 연민과 공감을 통해서 더불어 사는 삶을 지향하는 것이라고 암시한다. 사별에 대한 고통이 순리에 대한 인식과 공감적 삶의 형식이라는 지혜로 승화되고 있음을 목격할 수 있다. 이러한 장면을 우리는 시적 성숙이자 영혼의 발효라고 명명할 수 있을 것이다.

지성의 상상 시인선 048

어둠 서식지

초판 1쇄 발행 2025년 5월 10일

지 은 이 서주영
펴 낸 이 한춘희
펴 낸 곳 지성의 상상 미네르바
등록번호 제300-2017-91호
등록일자 2017. 6. 29.
주   소 03131 서울특별시 종로구 율곡로 6길 36, 월드오피스텔 802호
전   화 02-745-4530
전자우편 minerva21@hanmail.net

ISBN 979-11-89298-80-7 (03810)

값 12,000원

* 이 책은 전부 또는 일부 내용을 재사용하려면 반드시 저작권자와 미네르바의 동의를 받아야 합니다.

* 이 도서의 국립중앙도서관 출판시도서목록은 서지정보유통지원시스템 홈페이지(http://seoji.nl.go.kr)와 국가자료공동목록시스템(http://www.nl.go.kr/kolisnet)에서 이용하실 수 있습니다.